Contenido

Introducción

Si ya tiene un hámster o desea comprar uno, este libro es ideal para usted ya que le proporciona todos los consejos necesarios para asegurarse de que su mascota disfrute de una vida sana y feliz, así como también, una gran cantidad de características fascinantes sobre el estilo de vida y hábitos del hámster.

Ante todo, en necesario tener en cuenta el tiempo, el esfuerzo y los gastos que implica cuidar a una mascota por el resto de su vida.

El cuidado de una mascota, sin importar cuán pequeña sea, es una gran responsabilidad, y es un asunto que no puede olvidarse una vez que una nueva visita llega al hogar.

Por fortuna, el hámster es un mascota de bajo costo de mantenimiento y prácticamente no demanda casi nada de su dueño.

¿Qué es un roedor?

Los hámsters pertenecen al grupo de roedores mamíferos. Al igual que todos los mamíferos, son homeotermos y poseen una piel recubierta de pelo.

Las hembras tienen cría aún jóvenes, y las alimentan con su propia leche. Los roedores constituyen más del cincuenta por ciento de todas las especies de mamíferos.

Reciben su nombre del latín "rodere", que significa "roer".

Esto es así ya que todos los roedores poseen un par de dientes incisivos superiores y un par de

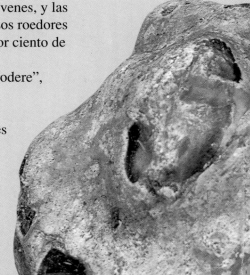

El hámster es una mascota ideal, de bajo mantenimiento, que prácticamente no

dientes incisivos inferiores en la parte delantera de la boca.

Crecen en forma continua y se desgastan entre sí a medida que roen el alimento.

Los roedores tienen diversos tamaños, desde el pequeño ratón de la cosecha Old World, de aproximadamente cuatro gramos, hasta el carpincho de América del sur que llega a pesar 40 kg; ¡casi diez mil veces más!

Los hámsters son limpios y fáciles de adiestrar.

Cuando hablamos de un hámster, la mayoría de nosotros piensa en el hámster dorado o de Siria. Dado que se trata de la mascota más común, es la especie en la que se centrará este libro.

Pero como podrá apreciarse, existen otras razas más pequeñas que han sido introducidas en el mercado en forma reciente, y tienen otro tipo de requerimientos.

Los hámsters dorados son limpios y fáciles de adiestrar, a pesar de que si no reciben una gran cantidad de caricias cuando son jóvenes, pueden convertirse en seres antisociales y llegar hasta a morder.

Asombrosamente, una de las cosas que no les agrada es vivir con otros congéneres, y por lo tanto, es conveniente que vivan solos. Sin embargo, los hámsters rusos y chinos, de menor tamaño, conviven felices en grupos si crecen juntos. Quizás, una de las principales desventajas de los hámsters es su corto promedio de vida; la mayoría solo vive un poco más de dos años. Perder una mascota siempre es doloroso, incluso cuando se conoce que la expectativa de vida es corta, pero al menos, es posible tener la satisfacción de haberle otorgado al hámster todo el amor y cuidado posibles.

Cómo manipular un hámster

Forma correcta de manipular un hámster

Manipular un hámster con frecuencia y delicadeza desde un principio, permitirá adiestrarlo. Por lo general, está despierto durante el día y no debe ser perturbado ni asustado ya que puede responder mordiendo.

Un hámster debe tomarse sobre la mano cóncava, y es necesario sostenerlo con seguridad, pero no con demasiada firmeza. Comenzar acariciándolo con suavidad cuando salga en busca de comida. Con el tiempo, es posible adiestrarlo para que responda a golpecitos delicados que anuncien que hay trozos de sabroso alimento esperándolo.

También puede aprender a comer el alimento del dedo de su dueño y luego sentarse en la palma de la mano. Una vez que el hámster se haya acostumbrado a ser manipulado, se lo puede alzar sujetando la piel suelta por detrás del cuello entre el dedo pulgar y el índice. Es fundamental tener cuidado; los hámsters presentan una gran cantidad de piel suelta y muerden con facilidad, a menos que se sujete con firmeza una gran parte del cuello.

Hámster dorado

La mascota más común es el hámster dorado, a veces denominado hámster de Siria, nombre que parece preferible, ya que hoy en día los hámsters dorados ya no son necesariamente dorados. Se han producido más de 100 variedades de colores por cría selectiva. Los hámsters de un solo color se conocen como "puros" y sus tonalidades varían desde el color dorado, el crema, el miel, el azul plateado, el sepia y el chocolate, en pocos casos. También existen hámsters albinos que no poseen pigmento alguno en la piel. Presentan un pelaje blanco y ojos rosados. Las variedades manchadas pueden ser con bandas, moteados (con manchas blancas) o en mosaico.

La elección del color es una cuestión de gusto y, en realidad, la mayoría de los dueños de hámsters aún prefieren el color dorado original. También existen variedades de pelo largo, que son muy atractivas, pero requieren de un aseo regular con cepillo de dientes para evitar que el pelaje se torne opaco.

Hámster dorado y blanco

Hámster de Siria de pelo largo

¿LO SABÍA?

Los hámsters enanos hibernan en estado silvestre, pero se despiertan de vez en cuando

Hámster chino

El hámster chino, que se encuentra en estado silvestre en Europa oriental y Asia, existe como mascota en Inglaterra hace más tiempo que el hámster dorado. Es más pequeño que el dorado y presenta un pelaje de color marrón grisáceo con una raya oscura por debajo de la espalda.

Hámster chino

Hámster enano ruso

El hámster enano ruso, tal como lo sugiere su nombre, es el más pequeño de las tres especies utilizadas como mascotas. Por lo general, es de color marrón amarillento, con una raya marrón oscuro en la base de la cola.

Las dos especies más pequeñas conviven en grupo a pesar de que probablemente sean más felices si habitan en pareja. Se desplazan con gran rapidez, y tal vez tengan un carácter peor que el de los hámster dorados. Por ello, no son mascotas ideales para niños pequeños.

El hámster enano ruso es, con frecuencia, más sociable con los otros miembros de su propia especie y con los humanos que el hámster chino.

Los hámsters enanos rusos son la raza más sociable, tanto con otros miembros de su propia especie como con los humanos.

La compra de un hámster

Es posible comprar un hámster en cualquier tienda de mascotas reconocida que cuente con personal experimentado dispuesto a aconsejarlo.

De lo contrario, quizás el dueño conozca a alguna persona de la zona que críe hámsters. Asimismo, puede obtenerse la dirección de un criadero de hámsters de la zona en la biblioteca local o bien en la tienda de mascotas.

También es posible adquirir un ejemplar a través de algún amigo que haya criado algunos. En todos los casos, es necesario buscar un hámster que se encuentre limpio y bien cuidado. En las tiendas de mascotas, es una buena señal si el personal posee los conocimientos necesarios y puede aconsejarlo al tomar la decisión.

Evitar la tentación de comprar un hámster que parezca enfermo solamente por sentir lástima por él; es posible que el dueño termine sufriendo, con

Al elegir el hámster, asegurarse de acudir a un negocio de buen aspecto donde el personal pueda aconsejarlo.

una gran cantidad de problemas y gastos en su intento por curarlo. Siempre es mejor comprar los hámsters cuando aún sean jóvenes y puedan adiestrarse; de entre 5 y 12 semanas de vida.

¿LO SABÍA?

Los hámsters enanos se comunican entre ellos mediante chillidos ultrasónicos que el oído humano no puede percibir.

Un hámster sano

¿Macho o hembra?

Los hámsters enanos pueden mantenerse en pares de un solo sexo (es decir, dos machos o dos hembras),

Un macho

para que puedan hacerse compañía sin aparearse. Es necesario solicitar la ayuda de alguna persona que tenga experiencia para poder determinar el sexo de cada uno cuando son jóvenes. Los hámsters dorados solo pueden vivir solos, y en lo que respecta al temperamento,

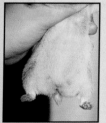

Una hembra

prácticamente no existen diferencias entre machos y hembras.

LOS OJOS:
nítidos y brillantes, sin secreción alguna.

LA NARIZ:
limpia y libre de secreción.

LA BOCA:
limpia. La presencia de saliva puede ser signo de problemas.

LA RESPIRACIÓN:
tranquila y constante. No debe ser forzada

Los hámsters sanos deben ser curiosos y activos. Es importante recordar que son nocturnos, y por lo tanto, es preferible evaluar el hámster cuando se despierta luego de haber dormido durante el día. Verificar los siguiente signos de buena salud:

ESTADO DEL CUERPO: redondeado y bien cubierto por pelaje. No debe haber hinchazones anormales.

EL PELAJE: bien aseado, sin ningún signo de deslucimiento o suciedad.

Camino a casa

Asegurarse de acondicionar su habitáculo antes de comprar un nuevo hámster. Transportarlo a la casa en una pequeña caja ventilada con un poco de viruta de papel para asegurarle comodidad. No debe abalanzarse sobre el pequeño ratoncillo tan pronto como llegue. Es necesario permitirle adaptarse solo a la hamstera, con alimento fresco y agua para un día o dos, antes de comenzar el adiestramiento manual.

En lo que respecta a la compra de un habitáculo adecuado para el hámster, realmente se puede dejar volar la imaginación, si el bolsillo puede resistirlo.

Las antiguas jaulas de alambre se consideran bastante aburridas, y tanto los dueños como las mascotas, disfrutarán de alguna de las diversas unidades modulares plásticas, de varios pisos, que pueden unirse mediante tubos plásticos conectados entre sí. Cuentan con espacios donde dormir, restaurantes, centros de ejercicio e incluso, torres de observación.

Existe una amplia variedad de habitáculos para elegir, que incluye desde jaulas de alambre hasta unidades modulares de varios pisos.

Pero es necesario considerar muy bien esta opción; una unidad como esta puede costar mucho más que el hámster. Los especímenes enanos requieren de un cuidado especial, ya que las unidades, por lo general, están diseñadas para sus primos dorados de mayor tamaño, y es posible que los tubos que conectan las unidades sean demasiados anchos para que puedan trepar por ellos.

Rueda de
ejercicio

Caja

Botella de agua

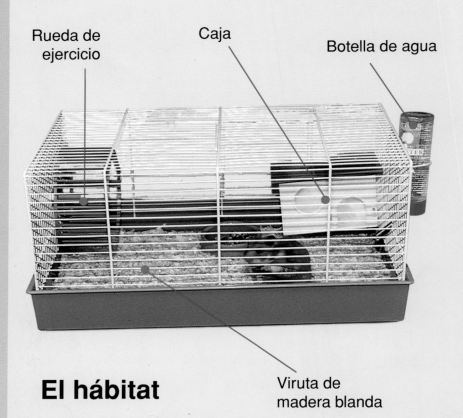

El hábitat

Viruta de
madera blanda

Los hámsters enanos prefieren, por lo general, las peceras de vidrio
con un par de centímetros de viruta de madera en la base. Sin
embargo, la pecera debe contar con un tejido de alambre bien
tirante para evitar algún intrépido intento de escape. Si los hámsters
se conservan en una jaula de alambre, debe contener una pequeña
caja donde pueda acostarse, llena del material que se utiliza para el
lecho.

Esto le proporcionará al hámster un lugar seguro y cálido para
descansar. No se debe ubicar su vivienda en contacto directo con la
luz del sol; esto es de suma importancia en el caso de las peceras y
evitar, en lo posible, las temperaturas extremas.

Lecho

Solo debe utilizarse el material para lecho aprobado para hámsters ya que con frecuencia, estos animalitos lo roerán y tragarán. Como consecuencia y ya que muchas fibras no pueden ser digeridas, le provocarán el bloqueo del intestino, que puede ser fatal.

Un lecho de viruta de madera blanda sobre una capa base de turba resulta adecuado siempre y cuando la madera de la que se extrajo la viruta no haya sido tratada con productos químicos. Se consigue un material especial digerible para el lugar donde duerme y lo esparcirá a su gusto.

A los hámsters les agrada esconder el alimento en las esquinas, y pueden enojarse cuando se lo retira.

El área destinada al baño, que será elegida por el hámster, necesita una limpieza cada uno o dos días, para evitar insectos y olores desagradables.

A veces, el hámster puede ser persuadido a utilizar un frasco de mermelada, colocado de lado. Es fácil de retirar para su limpieza diaria. La vivienda necesita una limpieza completa cada dos semanas para eliminar el lecho sucio y el alimento escondido que se encuentre en estado de putrefacción.

Vivienda adecuada para hámsters enanos.

15

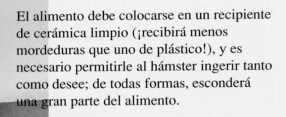

El alimento debe colocarse en un recipiente de cerámica limpio (¡recibirá menos mordeduras que uno de plástico!), y es necesario permitirle al hámster ingerir tanto como desee; de todas formas, esconderá una gran parte del alimento.

Tiempo de jugar

Existe una amplia variedad de juguetes y premios de alimento, pero deben seleccionarse con cuidado. Los bloques de madera con orificios escondidos son ideales para que desarrolle su instinto de hacer túneles. El uso de pelotas o de coches de carrera para hámsters que él mismo impulsa cuando corre dentro de la rueda, es adecuado durante períodos limitados. Nunca se debe dejarlo solo en esta situación ya que podría lastimarse o cansarse. Algunas veces, los juguetes menos costosos son los mejores; intente, por ejemplo, darle un tubo de cartón de papel higiénico. Podrá sorprenderse de lo mucho que se divertirá con él, y no habrea problema si termina todo mordido.

Ruedas de ejercicio

Como consecuencia de lo mucho que corren en estado silvestre, el ejercicio físico es esencial para la salud y el bienestar del hámster. La mayoría de los hámsters harán una gran cantidad de ejercicio al correr de un compartimento al otro en las unidades modulares, pero siempre debe proporcionárseles una rueda que aporta otro tipo de ejercicio. Sin embargo, la rueda debe seleccionarse con cuidado para asegurarse de que no posea bordes afilados ni orificios donde las pequeñas patas puedan quedar atrapadas.

El habitáculo debe limpiarse cada dos semanas.

El agua

Por lo general, los hámsters no necesitan beber demasiado, en especial si ingieren una cantidad razonable de alimentos suculentos, tales como pepino y lechuga. Sin embargo, siempre deben tener agua fresca disponible. La mejor forma de hacerlo es mediante una botella de agua con una válvula de bola en la parte inferior, de forma tal que pueda colocarse boca abajo.

La alimentación

En estado silvestre, se alimentan principalmente de semillas, algunas plantas verdes comestibles y en algunos casos, de larvas e insectos. En cautiverio, su dieta básica consiste en una mezcla de semillas, granos y frutas secas que se consigue en cualquier tienda de mascotas. Se vende por kilo o fraccionada como "alimento mezcla para hámsters".

El alimento pelado balanceado para roedores puede adquirirse en algunas tiendas de mascotas. Contiene un equilibrio completo de todos los nutrientes necesarios en la dieta del roedor.

Asegurarse de que el alimento se conserve limpio y seco. No es recomendable almacenarlo por demasiado tiempo ya que, de lo contrario, se reducirán los niveles vitamínicos.

En lugares húmedos, el alimento puede descomponerse y provocar problemas de digestión. Como, por ejemplo, los maníes, que desarrollan un moho altamente venenoso denominado aflatoxina.

El alimento de buena calidad proporciona una dieta bien balanceada.

Los alimentos balanceados permiten satisfacer las necesidades de los hámsters, pero una variedad de alimentos le resultará más interesante. Todos disfrutamos del placer que puede darnos un banquete especial. A continuación se enumeran algunas cosas que puede elegir para darse un festín.

El gran banquete

Un hámster de Siria con abazones llenos.

Nueces de Pará o brasileñas: son excelentes para los dientes.
Manzanas: el hámster sabrá agradecer un trozo de fruta ocasional.
Clavo, diente de león y hierba cana: bien lavados y frescos del jardín.
Tostadas de harina integral: pero sin manteca.
Zanahorias: las verduras para ensaladas son muy populares.
Huevo duro: solo una pequeña cantidad en forma ocasional.

Complementos

Si el hámster se alimenta con una dieta variada o un alimento balanceado bien preparado, no habrá necesidad alguna de agregar vitaminas y minerales adicionales. Si existiera la sospecha de que el animal no los ingiere en cantidad suficiente, en especial en la etapa de crecimiento o al atravesar su juventud, puede agregarse a la comida una pequeña cantidad de algún complemento balanceado para animales pequeños, un par de veces por semana.

No existen vacunas que puedan aplicarse a los hámsters para evitar enfermedades como ocurre con otras mascotas. Afortunadamente, los hámsters son de bajo costo de mantenimiento, bastante resistentes y, siempre y cuando se les proporcione la alimentación y la vivienda tal como se describe en este libro, no presentarán mayores problemas. Un hámster sano debe ser inteligente y activo, salvo cuando duerma durante el día. No se debe olvidar que pueden entrar en un estado de hibernación si la temperatura desciende demasiado; algunos dueños incluso han llegado casi a enterrar su mascota que se encontraba hibernando, creyendo que estaba muerto.

Por lo general, el hámster conserva sus u as limadas como consecuencia de cavar y escarbar alrededor de su lugar.

Los dientes de los hámsters crecen todo el tiempo, pero normalmente se desgastan en forma natural siempre que el hámster cuente con una gran cantidad de cosas para roer. Algunas veces, los dientes no crecen alineados en forma adecuada y se desarrollan en exceso.

Si esto ocurre, el hámster mostrará signos de malestar alrededor de la boca, y se deberán limarle los dientes periódicamente. Si existiera alguna preocupación acerca de los dientes del hámster, solicitar consejo al veterinario.

Por lo general, los hámsters conservan cortas las uñas de las patas traseras al cavar y escarbar alrededor de su habitáculo, pero será necesario examinarlas de vez en cuando para asegurarse de cortarlas cuando sea necesario, en especial si el hámster es viejo.

Lo mejor es acudir al veterinario para que él mismo le muestre cómo cortar las uñas y limar los dientes por primera vez. Luego, el corte de las uñas puede llevarse a cabo en la casa con un alicate adecuado. Si la uña se corta demasiado, sangrará y esto será doloroso para el animal.

Si el hámster tiene a su disposición una gran cantidad de cosas para roer, sus dientes se desgastarán en forma natural.

¿LO SABÍA?

Hubo hámsters que se han apareado con éxito a las cuatro semanas de vida. La edad ideal para el apareamiento de la hembra es aproximadamente a los dos meses.

Cría de hámsters

*Como los hámsters son
muy antisociables, el
cuidado de la cría es
una tarea compleja y
poco recomendable
para los principiantes.*

Los hámsters de Siria son criaturas pequeñas, poco sociables con los de su propia especie. El apareamiento y la cría no se producen en forma directa. No se recomienda ni siquiera hacer el intento si no se tiene la suficiente experiencia. Una hembra nunca permite que un macho ingrese a su territorio, y por lo tanto, la pareja tendrá que conocerse en un lugar neutral. Aun así, pueden provocar peleas con facilidad, y con frecuencia es la hembra la que saldrá más lastimada. Se aconseja supervisar los encuentros con guantes gruesos para poder separarlos con rapidez si comienzan a pelear. Si la hembra parece recibir de buen grado los avances del macho, deben permanecer juntos durante aproximadamente 20 minutos para que se produzca el apareamiento. Luego, el macho debe ser retirado del lugar, ya que no participa en la cría de los pequeños. Es necesario proporcionarle a la hembra una gran cantidad de material para anidar adicional de manera que pueda construir un nido durante el período de gestación, durante el cual come y bebe más de lo normal. Una pequeña cantidad de leche, si es posible levemente ácida, ayudará a proporcionar los minerales adicionales necesarios en este período.

La camada promedio comprende seis crías.

La camada

El período de gestación de un hámster es de solamente dieciséis días, el más corto de todos los mamíferos, y las crías nacen ciegas, completamente peladas e incapaces de hacer otra cosa que alimentarse. Una camada promedio está comprendida por aproximadamente seis crías, pero es común que sean más de doce. Dado que las crías son tan pequeñas, la madre casi nunca tiene problemas al dar a luz, proceso que, por lo general, se lleva a cabo durante la noche.

Es importante que el nido no reciba molestias durante las primeras dos semanas, ya que la madre puede agredir a las crías en incluso matarlas si se fastidia.

Las crías crecen con gran rapidez. Les comienza a crecer el pelo cuando alcanzan la semana de vida, y empiezan a salir del nido y a ingerir alimento sólido en trozos muy pequeños transcurridas las dos semanas.

Cría de hámsters

Por lo general, se encuentran totalmente destetadas al final de la cuarta semana y pueden separarse de su madre en esta etapa. A las seis semanas de vida, necesitan ser separadas antes de que comiencen a pelear entre sí.

Los hámsters chinos y rusos enanos tienden a tener camadas más pequeñas que los dorados, con un promedio de cuatro crías por camada. El apareamiento es más sencillo ya que, con frecuencia, conviven en colonias de ambos sexos. El macho no debe ser separado de la hembra mientras ella cría la camada. De lo contrario, nunca más volverá a ser aceptado.

A diferencia de los dorados, los machos prestan ayuda en la casa: mantienen calientes a las crías mientras la madre no está y, a veces, incluso llevan alimento al nido. El período de gestación es un poco más prolongado, con un promedio de 21 días, y las hembras pueden volver a aparearse y quedar preñadas nuevamente dentro de las 24 horas posteriores a haber dado a luz, produciendo así dos camadas en el período de solo seis semanas.

Por lo tanto, resulta evidente que una colonia de hámsters enanos puede multiplicarse en forma alarmante y, a menos que se conozca a una gran cantidad de personas que desee dar asilo a un ejemplar, será necesario separarlos pronto en grupos del mismo sexo.

Los viajes

Normalmente, los hámsters almacenan su alimento, por ello se puede dejar un hámster solo por dos o tres días, siempre y cuando cuente con una buena cantidad de alimento y agua.

Debe dejarse solo una pequeña cantidad de alimento perecedero, como frutas y verduras. Un hámster es lo suficientemente pequeño como para dejarlo con algún amigo o pariente que pueda cuidarlo. Si se deja al hámster en casa, la visita diaria de algún vecino para alimentarlo y limpiarlo será suficiente. Pero es importante dejar algún número telefónico donde contactar al veterinario en caso de que pudiera surgir algún problema.

Como los hámsters almacenan su alimento, pueden quedarse solos durante uno o dos días.

Visitas al veterinario

Si el hámster estuviera gravemente enfermo, será necesario acudir al veterinario en forma inmediata. En este caso, un adulto responsable deberá llevarlo a la veterinaria y autorizar cualquier tratamiento que fuera necesario.

Se toma al hámster con delicadeza entre las dos manos, y luego se lo coloca en una pequeña caja de cartón o de acrilato de metilo, con gran cantidad de material para lecho para mantenerlo caliente durante el viaje. Es casi imposible que un hámster enfermo pueda agujerear una caja de cartón durante el viaje pero, por si acaso, se lo debe vigilar en todo momento.

La mayoría de los veterinarios de animales pequeños atienden una gran cantidad de mamíferos pequeños, por lo que estarán dispuestos a ayudarlo. En la actualidad, incluso es posible anestesiar a los hámsters para llevar a cabo intervenciones quirúrgicas, tales como la extirpación de un tumor, o incluso la amputación de un miembro dañado, a pesar que los riesgos son mayores que para un gato o un perro que deba ser sometido al mismo procedimiento.

¿LO SABÍA?

A principios del siglo XX se creía que los hámsters dorados se habían extinguido. Cada ejemplar que hoy vive en cautiverio desciende de una única familia de hámsters descubierta en Siria en 1932.

Primeros auxilios

El cuidado más importante de un hámster enfermo o herido consiste en mantenerlo caliente y administrarle líquidos para impedir la deshidratación, que puede ocurrir con gran rapidez. Un gotero o una pequeña jeringa resultan ideales para administrar las soluciones, pero no se debe emplear excesiva fuerza. Es importante recordar que la inhalación de los líquidos puede ser perjudicial.

Los polvos de rehidratación para preparar con agua que se encuentran en el mercado, pueden adquirirse en veterinarias o farmacias, pero el hámster solo beberá pocas gotas por vez. En forma alternativa, puede utilizarse agua corriente hervida y enfriada con el agregado de una cucharada colmada de glucosa en polvo y una cucharadita al ras de sal. Las heridas pequeñas pueden enjuagarse con delicadeza en agua tibia y tratarse con algún antiséptico suave, pero las heridas más graves necesitarán de la asistencia del veterinario.

El hámster es una criatura muy curiosa y, por desgracia, esto puede causarle accidentes. Es común para un explorador caiga desde una superficie alta. Si esto ocurriera, colocar el hámster en un nido para que pueda recuperarse de la conmoción. Si no mejora en forma evidente en una hora, es probable que se haya quebrado algún hueso o sufrido lesiones internas.

Abscesos

Los abscesos pueden desarrollarse en el cuerpo como resultado de lesiones con objetos filosos o, como consecuencia de peleas, cuando conviven más de un hámster. Los abscesos también pueden desarrollarse dentro de la boca como resultado de problemas dentales o a causa de un alimento inadecuado en los abazones.

Los abscesos son zonas sin piel con secreción olorosa infectados con bacterias. Con frecuencia, se requiere de un tratamiento con antibióticos suministrados por el veterinario. Si el hámster lo tolera, es conveniente lavar las zonas afectadas en forma periódica con una solución de una cucharadita de sal y agua tibia.

Constipación

Puede ocurrirles a los hámsters jóvenes justo antes del destete, si no tienen acceso a otros líquidos distintos de la leche de la madre. También puede presentarse en animales de mayor edad si tragan el tipo de lecho incorrecto, como por ejemplo, lana o algodón. El hámster presentará el vientre hinchado y vomitará el alimento. Para solucionar el problema, agregar frutas y verduras a la dieta.

Enfermedades cutáneas

Los machos maduros presentan con frecuencia manchas oscuras cubiertas por pelo grueso a ambos lados del cuerpo, por encima de las caderas. Esto no es anormal; se debe al desarrollo de secreción glandular en estas zonas.

Algunas veces, las glándulas se irritan, producen malestar, y es posible que sea necesario un tratamiento con algún ungüento para reducir la irritación.

La pérdida del pelo en las orejas, en la cola y por debajo del vientre también es común en adultos.

Las infecciones cutáneas no son comunes en este tipo de mascotas, ya que, por lo general, no existen oportunidades de contacto con otros hámsters. Es posible que sufran de dermatofitosis (tiña), un hongo que crece sobre el pelo y que también puede provocar enfermedades cutáneas en humanos y otros animales.

Ácaros del oído

Estos pequeños parásitos viven en el canal auditivo y algunas veces, sobre la piel, alrededor de la cabeza, y provocan costras e irritaciones. Resulta casi imposible colocar gotas en los oídos de un hámster pequeño, pero se les puede aplicar una inyección para terminar con los mismos. Los ácaros del oído no son contagiosos para otros animales.

Los hámsters también pueden verse afectados por la sarna demodésica, que son parásitos largos y delgados que viven en los folículos de la raíz del pelo y provocan sectores pelados.

Problemas oculares

La conjuntivitis es común en los hámsters. Esta enfermedad puede provocar irritación de los ojos y los párpados pueden hincharse y adherirse, lo que impide la salida de la secreción por debajo de ellos.
  Puede ser causada por algún otro problema más generalizado, como por ejemplo, una infección respiratoria, o por la irritación de los ojos

como consecuencia de partículas de polvo. Es necesario lavar los ojos con una solución salina de una cucharadita de sal y agua hervida tibia y, si fuera necesario, deben despegarse los párpados con delicadeza. El veterinario podrá prescribir algún ungüento antibiótico para tratar el problema.

Envenenamiento

Los hámsters son bastante propensos al envenenamiento, en especial porque pasan gran parte de su tiempo aseándose, y chuparán todas las sustancias que tengan sobre el pelaje. No utilizar aerosoles en la habitación donde vive el hámster sin verificar primero que no sean tóxicos para animales.